RÉPONSE A UN DUC

CANDIDAT A LA COURONNE

D'ESFRAMAROUS

PAR

ÉDOUARD LEDEUIL

PARIS

AU DÉPOT GÉNÉRAL, CHEZ HÉLAINE

63, BOULEVARD HAUSSMANN, 63

1869

SEINE
IMPERIAL.
TIMBRE
1 100

RÉPONSE A UN DUC

CANDIDAT

A LA COURONNE D'ESFRAMAROUS

———

Votre dernière lettre était brève, Monsieur le Duc ; mais quelle mauvaise nouvelle en peu de mots !

Quoi ! l'on vous propose la couronne d'*Esframarous !*

Ce sont des notables du pays, officiers généraux, banquiers, anciens ministres, nobles, riches bourgeois et grands industriels qui vous l'offrent par l'intermédiaire des évêques. Ils sont sûrs, me dites-vous, d'entraîner une grande moitié des villes. Et vous me demandez avis... J'ai grand'peur que vous ne m'écoutiez pas ; car je ne vais parler ni raisonner comme vous, ni comme vos partisans.

Je prends d'ordinaire les événements à leur début, j'en sonde les chemins, et j'arrive au terme lentement, mais certainement ; voilà ma méthode.

Commençons donc :

Les *Esframaroussois* ont fait une révolution, puisqu'ils sont joyeusement en république, et qu'il y a quelques mois encore, ils gémissaient sous la verge d'un monarque héréditaire. Si même je me rappelle bien votre arbre généalogique, le souverain était quelque peu de vos parents. C'est, sans doute, ce titre de cousinage qui a fait jeter les yeux sur vous. Le peuple ne voulant plus de la branche aînée, vos notables pensent qu'il acclamera la cadette.

Voyons s'ils raisonnent juste.

Pourquoi les *Esframaroussois* ont-ils chassé leur prince? Parce que, sans contredit, son gouvernement était tyrannique, fatal au bien-être et à la dignité des citoyens. Esclave probablement, comme ses frères en royauté, de l'opinion pernicieuse du clergé et des grands du royaume, qui ne font d'habitude qu'une camarilla où le fauteuil de la présidence est aux évêques, il a irrité les populations par le despotisme qu'on puise aux sources de Rome, par la dissolution de sa cour et la menace de voir un règne avilissant se perpétuer dans sa race.

Eh bien, d'où vient que le malheureux roi fut despote?

De ce que la Constitution lui donnait droit de vie et de mort sur toutes personnes et sur toutes choses; et, qu'abusant de la confiance du peuple, il ne s'est servi de ses pouvoirs que pour satisfaire ses passions, au lieu de faire tourner son omnipotence au profit de la chose publique.

Croyez-vous cette conduite de votre parent bien coupable, Altesse? Non, répondez-vous. Et je dis non comme vous. Mais ne plaisantons pas. Je dis non pour d'autres motifs que les vôtres. Dans votre idée, il est naturel qu'un roi voie dans l'État, sa chose, et dans les deniers publics, ses revenus royaux; qu'il traite les citoyens à l'instar de serviteurs, voire de serfs qu'on renvoie, qu'on incarcère, qu'on déporte ou qu'on vend, qu'on annexe ou désannexe, si vous voulez. Or, tel n'est pas mon jugement, qui est le contraire du vôtre. Pour moi, le pays s'appartient toujours; seul, il peut disposer des milliards qu'il apporte au budget et sur lesquels on paie pension au roi, qui n'est donc point un maître, à la façon des seigneurs, des pirates ou des chefs de brigands de jadis, mais au contraire l'esclave, s'il en fût jamais, l'esclave de la loi.

Comment, avec de telles opinions, puis-je soutenir que l'ex-roi n'est pas aussi répréhensible que d'aucuns le pensent? Le voici :

Le peuple, qui l'a nommé son représentant, a tout fait pour le convertir en maître. Au lieu de lui dire : voilà un modeste bureau où vous entendrez quatre, six, dix heures par jour, vos ministres et tous les citoyens conférer des affaires de la nation, où vous prendrez, de vos propres yeux, connaissance des adresses marquantes à Votre Majesté, où vous rendrez justice à chacun, où vous serez la cheville ouvrière de notre immense machine sociale..., les citoyens lui ont donné des chevaux de chasse pour courre le cerf, et des bois et des meutes et tous instruments de faisanderie, et tous officiers de vénerie, et des salons de danse, et puis des salles de festin, et des châteaux encore dans les villes, avec des villas dans les bourgs, et tout ce que vous savez enfin, et que nous payons. Chassez, dansez, festoyez, voyagez et villégiaturez, était-ce lui dire; plus vous chasserez, danserez, festoierez, voyagerez et villégiaturerez, plus nous crierons : « Quel bon petit roi nous avons là! »

Je vous laisse à penser, Monsieur le Duc, si votre parent a chassé, dansé, festoyé, voyagé..., villégiaturé... et fait tant d'autres choses de même auguste importance. Il a passé des revues, il a ordonné des feux d'artifice, organisé des concerts, fondé des

théâtres, tenu mille cloches sur les fonts baptis
maux, fait cadeau de plus de cent orgues, patronné
des millions de congrégations masculines et féminines.
Il n'est pas moins d'une église ou d'un couvent par
cent habitants. Et si un prêtre est sous un toit conju-
gal, le mari sort et laisse son épouse dans le secret de
la confession ; c'est lui-même qui veille à la porte à ce
qu'aucun intrus ne trouble le mystérieux tête-à-tête...

Vous voyez qu'on n'aurait su mieux remplir un
règne, ni faire la part plus large au mondain et au sa-
cré. Aussi croyait-il, ce bon roi, combler les vœux de
la nation. Point, il paraît. Il agissait tout au rebours
de ses désirs. Ma foi, bien d'autres, avouons-le, s'y
seraient trompés.

Quand les roses ont-elles montré qu'elles avaient
des épines ? Quand il s'est agi de payer la carte des
chasses, danses, festoiements et tous autres agré-
ments, joyeux dons et détournements.

Oh ! ce n'est pas tout.

Vers le temps que votre parent sentait comme une
trombe planer au-dessus de sa couronne, il manda des
savants pour connaître la cause de ce bouleversement
inattendu de l'air. Beaucoup s'excusèrent, niant jusqu'au moindre signe d'agitation. Quelques-uns furent
plus francs.

On se plaint, avouèrent-ils, des dilapidations scan-
daleuses de votre intendant. — Mais on l'acclame
devant moi plus que moi-même ! — On se plaint de
vos complaisances pour le clergé romain ! — Quoi ! le
peuple entier court aux messes, aux processions, aux
pèlerinages ; j'ai cru flatter son sentiment religieux.
— On se plaint du silence auquel sont condamnés les
hommes qui, voyant la majesté royale abusée ou se
trompant, pourraient l'éclairer et épargner des désas-

tres au pays. — Mais les chambres et les journaux ne retentissent que de l'éloge de mon administration ! — On se plaint que l'armée soit privée de ses droits civils et politiques et employée comme instrument du prince, elle qui est créée spécialement pour la défense de l'honneur national ou de la frontière contre l'étranger. — Mais la Constitution m'a donné la disposition arbitraire des baïonnettes ! — On se plaint..... — Cela n'en finit donc pas ? — Non. — Mais pourquoi criait-on : « Vive le roi, » sur mon passage ? — C'étaient les hommes de votre police, déguisés de toutes sortes et remplissant un service. — Que ne m'avertissait-on ? — Vous avez été averti. — Par qui ? — Par l'opposition. — Je n'ai rien vu. — Demandez à vos secrétaires qui ont fait arrêter, déporter, emprisonner ses membres. — Mais, tous les jours, c'étaient rapports d'eux annonçant la satisfaction générale de mon gouvernement béni de Dieu ! — Satisfaction inventée. — Pourtant les chambres ont été unanimes à me voter des adresses toutes de félicitations. — Unanimes, moins une voix. Cette voix perdue était la sincère. Les autres partaient d'ambitieux, d'habiles, d'indifférents, d'amis de tous les régimes. La condition imposée à ces petites consciences était de jurer applaudir toujours vos commissaires. Elles ont juré et ont tenu leur serment. — Mais qui donc enfin peut avoir donné ces ordres ? — Vousmême. — Jamais. — Vos ministres alors ; mais, comme il n'est que vous de responsable, c'est sur vous seul que le peuple fait retomber le poids de toutes les fautes, telles que expéditions impopulaires, défaites honteuses, abstentions déplorables, désastres financiers, manque de travail, abus de pouvoir, dénis de justice, augmentation et mauvaise répartition des impôts, panique commerciale..... — Arrêtez ! que faut-il faire ? J'accorde tout ce qu'on voudra : liberté, égalité ; je suis prêt à fraterniser même avec le peuple. Faut-il arborer sa cocarde ? Chanter l'*Esframaroussoise ?*..... — Trop tard ! C'était dès le premier jour qu'il le fallait faire.....

Ainsi ou à peu près se sont passées les choses au palais, Monsieur le Duc, à l'avénement, pendant le règne et à la déchéance de l'ex-roi d'*Esframarous*.

En résumé, il a été trompé et il a pris plaisir à l'être. Puis est venu le jour de reddition des comptes qui s'est levé, sombre et mortel, alors que votre parent nageait en pleins rêves d'autocratie et de voluptés sans fin, au sein de toutes les délices de la terre.

Monsieur le Duc, je vous demande si votre intention est de monter sur le trône pour en descendre dans dix ans ? Je ne le pense pas. Croyez-m'en donc, demandez au peuple d'*Esframarous* qu'il rédige la Constitution qu'il entend faire observer ; vérifiez-la, article par article, et rayez d'un hardi trait de plume tout ce qui vous donnerait trop de pouvoir. Laissez la charge des suprêmes décisions au pays qui en prendra ainsi la responsabilité. Ne soyez que son mandataire, exécutant fidèlement ses ordres. Vous aurez, de cette façon, tous les profits, tous les honneurs et aucun risque à courir.

Si on pouvait traduire les peuples à la barre de quelque tribunal, je les y appellerais pour répondre à la question d'embûche tendue à la vanité de l'homme.

Les peuples, en effet, savent fort bien que la souveraineté leur est une propriété inaliénable, qu'ils ne la peuvent donner à qui que ce soit ; que, s'ils la cèdent, c'est à la condition qu'on ne s'en serve jamais sans leur avis ; qu'ils se réservent le droit de la reprendre quand la volonté leur en vient. Pourquoi donc tenter l'homme qui, naturellement, est envieux, accapareur et faible? Pourquoi offrir à un roi un sceptre qui semble une baguette magique, mais qui, en réalité, n'est qu'un serpent endormi qu'il ne faut pas trop tourmenter par caprice, ni chauffer au feu d'une main cupide ou colère?

Je vous prie, Monsieur le Duc, de réfléchir au moins trente jours et trente fois par jour, de prendre sur les méditations solitaires de vos nuits mêmes, si ce n'est assez des heures agitées de lumière, avant d'engager votre parole.

Est-ce par ambition que vous souriez au titre de roi?

Est-ce pour en avoir les plaisirs?

Est-ce pour en accomplir les labeurs?

Si c'est par ambition, morigénez-vous promptement et chassez de votre cerveau les brouillards qui obscurcissent votre pensée, car je vous répète qu'avant dix ans vous ne serez pas un roi, mais un proscrit, un prince détrôné, un être ridicule, un paria enfin. Ambitieux, en effet, que pourrez-vous faire, sinon sacrifier à votre orgueil? O l'épouvantable conseil que vous aurez là à vos petits levers! Vous commettrez les mêmes erreurs et les mêmes fautes que votre parent. Vous savez où elles l'ont conduit. Or, ce n'est pas votre but. L'ambitieux veut toujours grandir, non déchoir. Eh bien! est-il glorieux d'avoir porté une couronne et d'en avoir été déclaré indigne devant l'univers?

Si ce sont les fêtes qui vous tentent et toutes les facilités de paître vos fantaisies et vos passions, flagellez-vous et repoussez le démon qui trouble votre chair. Les voluptés des cours sont comme l'eau de la mer, agréables à l'œil, amères au goût. Qui s'y plonge, risque d'en boire; en boire trop, amène des nausées. Ce serait, par conséquent, aller directement encore contre vos désirs qui sont d'avoir une existence sereine.

Et puis, si l'ambitieux surmonte les peines, affronte les périls que lui crée son insatiable amour de domination, il n'en est pas de même du disciple d'Épicure. Tout ce qui trouble sa digestion lui est horrible. Et vous ne pouvez croire, en vérité, qu'on se puisse si bien nicher au milieu de ses gardes ou dans son boudoir, que les hallebardes mêmes et les tentures ne vous jettent, en éclairs et en frissons, les mécontentements du peuple devant l'abandon qu'un roi galant fait des affaires de l'État pour ses tournois et ses amours. Triste plaisir que celui que la peur interrompt.

Ah ! si vous voulez être roi pour obéir à l'inspiration sublime d'aider efficacement au bonheur de l'humanité, ce que les sots appellent une utopie (je vous demande de quel poids est leur avis !...); si c'est pour être un roi véritable que vous acceptez la couronne d'*Esframarous*, la chose est nouvelle sur nos parages et mérite attention.

Vous n'ignorez pas que pour être à la hauteur de cette belle mission, il faut un grand caractère pour ne pas se rebuter devant les déboires, beaucoup de fermeté pour résister aux insinuations des égoïstes et des superbes, un désintéressement à toute épreuve pour persuader que c'est en vue du bien seul que vous agissez; vous n'ignorez pas qu'il faut un cœur d'homme et une conscience d'ange enfin.

Or, ce n'est pas le titre de roi, que vous prendrez à la place de celui de duc, qui changera votre nature. Les mortels ne sauraient vous imposer non plus d'être un modèle de perfection. Dans l'intérêt de tous donc, vous devez vouloir des freins aux entraînements si faciles des hommes et plus faciles encore des rois.

Ces liens seront votre gloire d'abord.

Vous prouverez, en les demandant, votre modestie, votre connaissance du cœur humain et la sincérité de votre désir du bien public. Quand un trône est étayé sur l'estime et la confiance d'un peuple, il est solide et peut regarder l'avenir en face.

Ces liens seront encore le gage de la durée de **votre** règne.

Ne pouvant faire mal, vous ne blesserez jamais **le** sentiment public. L'affection du peuple ira grandissant avec le prestige de votre sage administration, et votre nom passera aux générations, honoré, aimé, béni.

*
* *

Quels sont ces liens?

Les articles d'une constitution basée :

1º Sur le but à atteindre, à savoir le plus grand bonheur des hommes, qui est la satisfaction de leurs besoins moraux et matériels;

2º Sur les éléments de ce bonheur, à savoir la raison et la générosité de cœur, qui sont instinctives à l'homme et perfectionnées par l'éducation.

3º Sur la défiance des faiblesses inhérentes à notre nature, à savoir l'égoïsme, la sensualité et l'orgueil.

*
* *

Voici la Constitution que je proposerais.

*
* *

DÉCLARATION PRÉALABLE.

Jusqu'à ce jour, le peuple et la royauté se sont traités en ennemis, comme deux génies du mal, envieux l'un de l'autre.

Cette situation a été faite par la royauté, le jour qu'abusant de la confiance et de la reconnaissance naïve des peuples, elle fit servir à ses projets d'usurpation la force qui lui était remise pour assurer la liberté de tous. Il n'est moyen corrupteur, violent et partant coupable, qu'elle n'ait mis en œuvre pour conserver sa domination illégitime. Elle inventa des honneurs, des titres, des priviléges qui lui rallièrent les vaniteux. Elle distribua des charges, des emplois, de l'argent qui lui acquirent les cupides et les sensuels.

Elle favorisa les institutions qui répandaient dans le pays la superstition et le fanatisme, faisant de l'ignorance et de la brutalité les défenseurs forcenés du trône. Par la guerre enfin, elle décima ou saigna périodiquement les peuples, tantôt pour satisfaire un caprice, tantôt pour diminuer leurs forces grandissantes et redoutables.

En dépit de ces odieux efforts, le monde a marché à ses destinées.

En vain la royauté opposerait-elle plus longtemps une funeste résistance à la revendication des peuples qui veulent rentrer dans la possession entière de leurs droits.

Le jour est venu où la force même se tourne contre elle avec le droit.

L'idée a percé jusqu'au sein des légions. L'intelligence s'est glissée dans leurs rangs. La raison a éclaté soudain dans les plis de leurs drapeaux, qui se sont illuminés des clartés resplendissantes de la vérité.

L'instruction a fait ces merveilles.

L'armée instruite est avec le peuple.

L'armée instruite est peuple.

L'armée instruite veut rester peuple. Acculée, la royauté se doit soumettre, sous peine de périr victime de son misérable préjugé.

La guerre extérieure ou civile ne peut plus nuire qu'à elle.

Ceux d'entre les rois qui ont jeté les yeux sur le passé de leurs pères, et dont l'esprit s'est ouvert au flambeau divin qu'éclaire le monde aujourd'hui, sont les premiers à reconnaître que la justice et l'humanité veulent d'autres principes de gouvernement que le bon plaisir et le casse-tête.

Aussi, les peuples pensent-ils qu'ils ne trouveront pas d'opposition aux vœux qu'ils expriment, vœux conformes aux lois naturelles, aux prescriptions divines et aux conditions de sociabilité sur lesquelles seules on peut fonder l'espoir de voir l'homme heureux sur la terre, comme intelligence et comme créature corporelle.

*
* *

CONSTITUTION DES ESFRAMAROUSSOIS

CHAPITRE 1er

Art. 1er. — Le peuple est souverain.

Art. 2. — Il exerce sa souveraineté par la délégation de ses pouvoirs.

Art. 3. — Ces pouvoirs sont : le pouvoir législatif, le pouvoir judiciaire et le pouvoir exécutif.

Art. 4. — Le pouvoir législatif est exercé par l'Assemblée nationale qui prépare les lois.

Art. 5. — Le pouvoir judiciaire est exercé par les

tribunaux qui les appliquent, d'après la sentence des jurys.

Art. 6. — Le pouvoir exécutif est exercé par le roi qui fait exécuter ces sentences.

CHAPITRE II

Art. 1. — Les projets de lois sanctionnés par le peuple sont lois.

Art. 2. — L'initiative et la discussion des lois sont à tous.

Art. 3. — Nul n'est en aucun temps au-desus de la loi.

Art. 4. — Les lois sont égales pour tous, sans exception.

Art. 5. — La loi ne reconnaît aucune des mesures connues sous le nom de raisons d'État.

CHAPITRE III

Art. 1. — La Constitution règle les attributions des pouvoirs.

Art. 2. — Elle est perfectible et, comme telle, sujette à la discussion de tous.

Art. 3. — Le peuple seul a le droit d'y apporter des changements par sa sanction.

Art. 4. — *Le Conseil constitutionnel*, composé de onze membres, veille à son respect.

CHAPITRE IV

Art. 1. — Sont fonctions, les charges comportant mandat, brevet ou commission et émargeant au budget.

Art. 2. — Toutes les fonctions sont rétribuées.

Art. 3. — Les fonctions de député, de juge, de roi sont électives et personnelles. Leurs impétrants sont nommés pour cinq ans et rééligibles.

Art. 4. — Il sera avisé à la question de traitement et de retraite des fonctionnaires.

CHAPITRE V

Art. 1. — Sont exclus à jamais des charges publiques les citoyens criminels.

Art. 2. — Une semblable condamnation contre un fonctionnaire en activité emporte la perte immédiate de sa charge.

Art. 3. — Si c'est un député, il est pourvu à son remplacement dans les trois mois.

Art. 4. — Si c'est un juge dans le mois.

Art. 5. — Si c'est le roi, dans les six mois.

CHAPITRE VI

Art. 1. — Les députés sont responsables de leur gestion envers leurs électeurs, le roi envers la nation, les juges envers la loi.

Art. 2. — Un député, perdant la confiance de ses commettants, est, sur la demande du comice qui l'a élu, révoqué.

Art. 3. — Tous les fonctionnaires accusés, députés, juges, roi et autres, sont admis à se défendre. Il en est appelé, en cas de contestation, au jugement souverain de l'Assemblée nationale pour les juges et du peuple pour les députés et le roi.

CHAPITRE VII

Art. 1. — Il est mis à la disposition du pouvoir exécutif, sous le nom de *force exécutive*, une partie de l'armée pour assurer l'exécution de la loi, en cas de résistance de la part des condamnés.

Art. 2. — L'autre fraction de l'armée, sous le nom de *force communale*, est sous le commandement du

Conseil des communes, formé de tous les maires dans·
les villes qui ont cinq circonscriptions et des maires
assistés des conseils municipaux dans les villes de
moins de cinq circonscriptions.

Art. 3. — La police n'a jamais de rôle politique non
plus que la force exécutive, à moins d'une résolution
prise à la majorité des voix par le conseil des communes et sous sa responsabilité.

CHAPITRE VIII

Art. 1. — Les ministres, les préfets et sous-préfets
sont à la nomination du roi.

Art. 2. — Ils ne peuvent être destitués de leurs
fonctions qu'après leur mise en accusation par lui devant l'Assemblée nationale, qui prononce.

Art. 3. — L'Assemblée nationale peut, de son auto-
rité privée, décréter d'accusation et le roi et ses ministres pour les actes de leur administration.

Art. 4. — Le roi peut en appeler de la sentence de
l'Assemblée au peuple qui ratifie ou casse le jugement
dans un délai de quinze jours.

Art. 5. — Pour crime de droit commun, le roi est
comme tout citoyen.....

. . . .

Mais vous ne m'avez pas demandé de projet de constitution, Monsieur le Duc.

Je m'arrête donc jugeant que vos propres réflexions
vous éclaireront mieux que mes humbles conseils, et
priant Dieu de vous garder sur le trône, si vous l'acceptez, les sentiments de grandeur d'âme et d'honnê-
teté que je vous ai connus jusqu'à ce jour.

Paris. — Imp. Émile Voitelain et Cᵉ, rue J.-J.-Rousseau. 61.

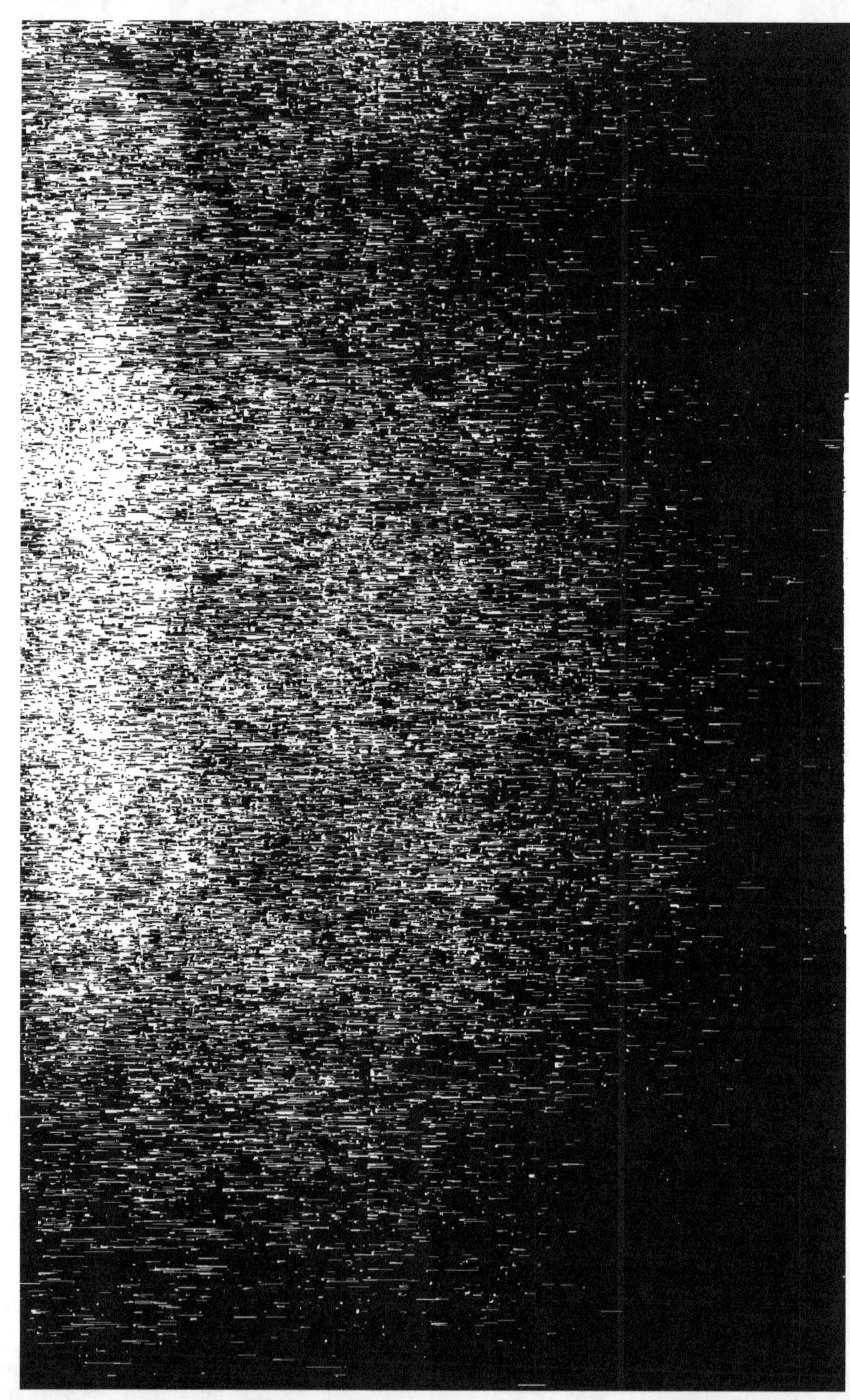